naufrage
Mélancolie
silence
amour

Collection Or des lignes

Fragments, Britany Lefebvre

Viande à viol, Marine Peyrard

Tout ce que je n'ai jamais su dire, Flore Perrault

Dérives, Hyce Beerg

Et demain, le soleil reviendra, Pauline Bilisari

Et les anges se turent, Clara Staïcu

Dans le cœur des gens, Anastasia Goujon

L'Être aimé, Théo Dulas

Une petite (longue) déclaration, Sébastian Poulain

L'Amour est une valse, Camille Munoz

L'éthé, Sara Mychkine

À ma recherche, Faustine Croquison

Variations, Claire Gondor

Colostrum, Elia Malika

À l'abandon entier des songes, Lucas Nivaggioni

Éditions Frison-Roche Belles-lettres
16, rue de Lancry, 75010 Paris

Direction : Édouard Frison-Roche
Direction éditoriale et poème de couverture : Katia Kaloun

Couverture et création graphique : Charlotte Thomas

Nos vers d'un soir

Or des lignes

Achevé d'imprimer par Booksfactory en janvier 2023
N° d'impression : 23010322
Imprimé en Union européenne